UNE

TENTATIVE

CONTRE CHATEAU-GONTIER

EN 1421

D'APRÈS DES DOCUMENTS INÉDITS

Lauréat de l'Académie des Inscriptions et Belles-Lettres
Membre de la Société de l'Histoire de France
De la Société des Anciens Textes français, etc.

MAMERS

G. FLEURY ET A. DANGIN, IMPRIMEURS-ÉDITEURS

1888

UNE

TENTATIVE DES ANGLAIS

CONTRE CHATEAU-GONTIER

EN 1421

D'APRÈS DES DOCUMENTS INÉDITS

Par M. ANDRÉ JOUBERT

Lauréat de l'Académie des Inscriptions et Belles-Lettres,
Membre de la Société de l'Histoire de France,
de la Société des Anciens Textes français, etc.

MAMERS

G. FLEURY ET A. DANGIN, IMPRIMEURS-ÉDITEURS

1888

UNE
TENTATIVE DES ANGLAIS
CONTRE CHATEAU-GONTIER
EN 1421
D'APRÈS DES DOCUMENTS INÉDITS

UNE

TENTATIVE DES ANGLAIS

CONTRE CHATEAU-GONTIER

EN 1421

D'APRÈS DES DOCUMENTS INÉDITS

Par M. ANDRÉ JOUBERT

Lauréat de l'Académie des Inscriptions et Belles-Lettres
Membre de la Société de l'Histoire de France
De la Société des Anciens Textes français, etc.

MAMERS

G. FLEURY ET A. DANGIN, IMPRIMEURS-ÉDITEURS

1888

UNE

TENTATIVE DES ANGLAIS

CONTRE CHATEAU-GONTIER

EN 1421

D'APRÈS DES DOCUMENTS INÉDITS

Le 22 mars 1421, les Anglais commandés par le duc de Clarence avaient été vaincus par les Français au Vieil-Baugé. Peu après, Château-Gontier faillit tomber aux mains de l'ennemi (1).

« En juing, l'an mil cccxxxi, fut nouvelles que le Conte de Salisbury (2) devoit courir ou païs d'Anjou ; par ce, fut crié,

(1) Henri V, rappelé par la victoire des Français, débarqua à Calais, le 10 juin, avec une nouvelle armée de quatre mille hommes d'armes et vingt-quatre mille fantassins.

(2) Thomas Montagu, comte de Salisbury, l'un des plus intrépides lieutenants de Henri V, qui lui donna, en récompense de ses services, le comté du Perche. « Plus vaillant homme que lui, dit Lefèvre de Saint-Rémi, ne fut en Angleterre ni ne peut être sous le soleil. » En 1428, il était « ordonné » par le Parlement d'Angleterre « pour venir en France faire guerre ». Il amena avec lui dix mille combattants. Il fut blessé le 27 octobre de la même année au siège d'Orléans. Les éclats qu'un boulet de pierre fit jaillir d'une des fenêtres, où il regardait en compagnie de William Glansdale, lui emportèrent un œil et la moitié du visage. Transporté à Meung, il y mourut le 3 novembre. Voir, sur ce personnage, les *Letters and papers illustrative of the King Henry the sixth*, t. I et II.

de par le Roy, que chacun noble se mist sus, et furent esleuz gens, par la Royne de Sicille (1) et ses officiers, pour assembler gens et garder les passaiges. Et fut Champaigne (2), en son absence, l'un desdiz esleuz et commis à garder et rompre passaiges en aucuns lieux, et de ce lui furent envoyés mandemens patens et lettres closes. Si fist grant diligence de mectre sus et assembler gens, tant nobles que gens de trait et commune, jusques au nombre de trois à quatre mille, et, subitement, mist tele provision sur le fait des vaisseaulx estans sur la rivière environ la ville de Craon (3), que les ennemis n'y peurent avoir passaige ». Ces curieux renseignements sont tirés d'un document inédit, conservé aux Archives nationales et extrait des « Registres du Parlement, xiiᵉ jour de fevrier m cccc xxiiii » (4). La pièce commence ainsi : « Entre Jehan de Champaigne, escuier, appellant de Pierre Guiot, lieutenant à Angiers du juge d'Anjou, et demandeur, d'une partie, et Cardinet des Plantes, d'autre partie..... » La défense du château de Craon avait été confiée à Guillaume Requeteau qui portait le titre de châtelain (5).

---

(1) Yolande d'Aragon, fille de Jean, roi d'Aragon, et d'Yolande de Bar, veuve de Louis II, duc d'Anjou, comte de Provence et du Maine, roi de Sicile. Elle était alors régente et tutrice de son fils Louis III.

(2) « Pour Champaigne, Rabateau dit qu'il est escuier de bien et honneur, extraict de noble et ancienne lignée, et tousjours s'est noublement employé ou service du Roy ou fait de la guerre ou autrement, en quoy a grandement frayé du sien, et fut ou royaume de Naples en la compaignée du roy Loys et illec fut prinsonnier. » Jean de Villiers, chevalier, seigneur de Champagne-Hommet, fils de Jean de Villiers et de Louise de Laval, était un vaillant capitaine. C'est lui qui, le 25 septembre 1429, reprit Laval sur les Anglais, avec le concours de Raoul du Bouchet et de Bertrand de Ferrières. (J. Chartier, *Chronique de Charles VII*, t. I, p. 113.)

(3) Voir, sur les fortifications de Craon, notre étude sur la *Démolition des châteaux de Craon et de Château-Gontier.*

(4) Archives nationales, Reg. X/2ᵃ 18, fᵒ 62 vᵒ.

(5) *Chroniques Craonnaises*, pp. 276-277.

Le seigneur de la baronnie de Craon en 1421 était
Georges Ier de la Trémoille, comte de Boulogne et d'Au-
vergne, seigneur de Sully et de Craon, né en 1382, fils de
Guy VI de la Trémoille et de Marie de Sully, souveraine de
Boisbelle et dame de quinze autres comtés ou baronnies. Le
18 mai 1413, Charles VI l'avait nommé grand chambellan de
France. Fait prisonnier à la bataille d'Azincourt, il ne
recouvra sa liberté qu'au prix d'une forte rançon. Il fut un
des médiateurs de la paix du 23 mai 1418 entre Charles VI
et les princes (1). On sait qu'il fut un des conseillers de
Charles VII dont il demeura longtemps le principal
favori.

Les habitants de Craon soutinrent à cette époque, devant le
Parlement, un procès contre leur seigneur, au sujet du guet
et de la garde de la ville. Au bout de plusieurs années, un
accord intervint entre les parties. Il fut convenu que les
gens et manants de la baronnie seraient tenus de fournir
trente guetteurs par nuit, « pour le temps avenir, par le
temps de guerre et de nécessité », ainsi que de réparer les
douves et les fossés. Le document qui constate cet arrange-
ment est du 9 février 1424 (2). On y lit que « ladite ville de
Craon est une ville ancienne, grosse et notable, et ville close,
assise près le païs de Bretaigne, es marches et frontières du
païs de Normendie, où de present sont les Angloys, anciens
ennemys de ce royaulme, qui ont fait plusieurs courses
devant ladite ville de Craon et ailleurs es partyes voysines,
par lesquelles courses plusieurs des subgectz, manans et

(1) *Chartrier de Thouars, Documents historiques*, pp. 7-8 et 13-14.

(2) *Archives inédites de M. le duc de la Trémoille [Chartrier de
Thouars. Fonds Craon]*. Cet accord fut conclu le 9 février 1424 devant la
cour d'Angers entre le seigneur de la baronnie et le procureur des habi-
tants de Craon. Les témoins étaient : « Jehan de Villiers, seigneur du
Hommet et de Pacy, missire Jacques de la Roue, Almaury de
Scepeaux, Jehan de Saint-Aignan, Jehan Bessonneau, Jehan de
Leyeul », et plusieurs autres choisis parmi les notables de la baronnie
(Ibid.).

habitans et autres ont esté grevez et endomaigés, tant par prinse de corps que autrement (1) ».

Dans une lettre de Charles VII, on voit que les ravages de l'ennemi étaient fréquents, car le roi signale « les pilleries, roberies et courses d'Angloys qui font chacun jour en plusieurs parties du royaulme et mesmement en ladite chastellenie de Craon qui est assise en frontière de nos dits ennemys (2). » Le 10 mai 1428, les habitants de la baronnie promettaient à Georges Ier de la Trémoille de lui payer cinq cents écus d'or « pour avoir sûreté et abstinence de guerre » contre leurs implacables adversaires et pour être protégés contre les brigandages des troupes (3). Les gens d'église, de leur côté, offraient huit cents écus, et les « chevaliers, escuiers et gens nobles » douze cents écus (4). Nous réservons la publication complète de ces intéressants documents pour notre futur volume intitulé *Histoire de la Baronnie de Craon, de 1382 à 1626*. Ce livre a été composé à l'aide des archives inédites du Chartrier de Thouars, que M. le duc de la Trémoille a eu l'extrème courtoisie de nous communiquer, grâce à l'obligeante entremise de notre excellent confrère et ami M. l'abbé A. Ledru, et qui forment la base de notre nouvel ouvrage.

« En ce temps, continue l'auteur de notre récit, le Conte de Salisbury chevaucha à grant puissance, par une nuyt, jusques devant Chasteaugontier, pour cuider entrer en la ville, laquelle avoit esté ouverte par aucuns ; mais l'antreprise fut decouverte, et se mirent, ceulx de la ville, en

(1) *Archives inédites de M. le duc de la Trémoille (Chartrier de Thouars. Fonds Craon).* — « La place de Craon estoit lors en danger d'estre prinse par les Angloys, qui estoient près de là, c'est assavoir à Fugières et Pontorson. » (Mémoire touchant les guectz de Craon. Pièce en papier.)

(2) *Lettre de Charles VII.* Copie en papier.

(3) *Archives inédites de M. le duc de la Trémoille (Chartrier de Thouars. Fonds Craon.)*

(4) *Ibid.*

garde et deffensse, telement que ne fut prise, mais les four-
bours furent pillez. » La baronnie de Château-Gontier
appartenait alors à Jean d'Alençon dont le rôle a été souvent
retracé par les historiens de la guerre de Cent Ans. La
ville, entourée d'une enceinte continue, était défendue par
des tours solides (1), et la garnison chargée de la protéger
était bien armée.

Les Anglais n'avaient donc pas réussi à surprendre
Château-Gontier, comme nous venons de le constater. Pour-
suivons l'analyse de notre document. « Et lors estoit Cardinet en la ville, lequel, le landemain au matin, s'en ala, sans
avoir aucune doubte desdiz Angloiz, et dist au portier que il
aloit querir un sien compere, nommé Jehan Chevalier, pour
le faire retourner en ladicte ville, dont semblablement il
estoit party, et que, tantost retourneroit ; dont riens ne fist,
mais tint son chemin vers un lieu nommé la Vandroille (2)
et puis ala parler à ceulx de la compaignée de Champaigne
et leur dist que là entour avoit quarante ou cinquante
Angloiz qui gastoient le païs, lesquelx estoient bien aisez
à destrousser, et que, se ilz vouloiert, ilz les avoient aisee-
ment. »

Ce discours insidieux détermine les gens de la compagnie
du sieur de Champagne à courir sus aux ennemis. Jean de
Champagne, à qui la besogne ne plaisait guère mais qui ne
pouvait pas s'y soustraire, envoie des cavaliers en reconnais-
sance. Il leur recommande de s'assurer de l'endroit où les
Anglais s'étaient retirés ainsi que du nombre des soldats

(1) Dès 1414, le château proprement dit de Château-Gontier était
ruiné depuis longtemps. On lit, en effet, dans l'aveu rendu « à Monsei-
gneur le Roy de Jherusalem et de Sicille, duc d'Anjou et conte du Maine, »
par le seigneur de la baronnie, le passage suivant : « Item, le chastel
anxien dudit lieu, qui à présent est démoli et abatu..... » L'aveu constate
que la ville est entourée de « clouaison et fortiffication » qui la protègent
contre l'ennemi. (Arch. nat. P. 338.)

(2) Il nous a été impossible de découvrir où était situé ce lieu qui
n'existe plus aujourd'hui.

étrangers. Les éclaireurs poussent donc jusqu'auprès de Chambellay (1), bourg situé sur la rive droite de la Mayenne et siège d'une châtellenie importante. Ils n'aperçoivent « aucuns Angloiz » et reviennent sur leurs pas. Alors Champagne fait apporter une pièce de vin et du pain pour réconforter sa troupe.

Cardinet survient. Il s'étonne de voir que les gens de la compagnie de Champagne se préparent à se retirer. Il les exhorte à ne pas se replier, il leur dit qu'ils doivent aller de l'avant ; il leur affirme que ceux de Château-Gontier les attendent pour tomber sur les Anglais embusqués auprès de la ville. Mais Champagne craint d'exposer les siens à un échec presque certain, « pour ce que la graigneur partie estoit commune. »

Il s'efforce de les dissuader de marcher à la rencontre de l'ennemi. Il riposte à Cardinet qu'il préfère attendre l'arrivée prochaine de Robert de Vendôme (2) ; « et lors advisèrent que seroit à faire en la besoigne, dont Cardinet ne fut content ; ains plus fort que devant admonesta la commune d'aler oultre. »

Afin d'aiguillonner l'ardeur de ces braves gens, d'humeur pacifique, le rusé Cardinet leur promet que, pour les récompenser, il leur donnera « dix franchées de pain » (3) et deux pipes de bon vin. Ces propositions alléchantes obtiennent un rapide succès. On se rassemble, on veut partir, on est

---

(1) Chambellay, canton du Lion-d'Angers, arrondissement de Segré. — La terre, portant le titre de châtellenie au XIVᵉ siècle, relevait pour partie du château d'Angers, de Candé et de Menil, et pour les fiefs entre Sarthe et Maine, de Marigné. Elle appartenait au XVᵉ siècle aux Montalais qui portaient : *D'or à trois chevrons de gueules à la fasce d'azur brochant sur le tout.* (Voir, sur cette commune, le *Dictionnaire historique de Maine-et-Loire*, t. I, pp. 582-583.)

(2) Robert de Vendôme était, au dire des chroniqueurs, un des meilleurs capitaines de l'époque. Il s'était souvent distingué dans les rencontres contre les Anglais et avait été chargé de la défense des Marches d'Anjou.

(3) *Franchées*, synonyme de tranches.

prêt à se ruer sur ces maudits Anglais. Champagne tente vainement de s'y opposer. Mais sentant qu'il ne parviendra pas à convaincre ses hommes, séduits par les fallacieuses paroles de Cardinet, il demande à « faire ses monstres ». Son astucieux rival redouble de sollicitations, il presse la troupe de l'accompagner, sans plus attendre, et bientôt la troupe s'ébranle, précédée par l'audacieux orateur. « Et quant urent cheminé un pou de temps, fut ung grant cry que les adversaires estoient près d'eulx en un boys, dont n'estoit riens, ains estoient beaucoup plus loin. »

Cardinet propose à Champagne de compter ses gens, mais celui-ci lui répond qu'il n'est plus temps. Le traître n'insiste pas et il se remet en route. Il s'avance, laissant derrière lui, à une certaine distance, la compagnie, qui le suit sans défiance. Arrivé sur le bord d'une rivière, auprès de l'endroit où les ennemis étaient cachés, « il fut veu tenir son espée la croix contremont (1) et une de ses chausses atachée et l'autre non. » C'était le signal convenu. Champagne et les siens donnent dans une des embuscades préparées par leurs adversaires. Ils ne se laissent pas troubler par cette surprise inattendue, ils s'élancent pour garder le passage et leur chef « ot laudessus de ladicte premiere embusche, en laquelle avoit un turq, qui fut pris (2). Les Anglais, craignant « que on le tuast, crièrent à haulte voix, disans : « Cardinet, sauve nostre turq, car nous paierons pour luy bonne rançon, et fut oy publiquement que Cardinet respondit que sauver ne le pourroit, mais que passassent hardiement et que ilz auroient l'avantaige sur les Françoiz, car n'estoient que communes. »

Le complice traverse la rivière à plusieurs reprises, il va et vient vers les Anglais, qui ne tirent pas sur lui. Il retourne ensuite vers la compagnie de Champagne et, « cornant d'un cor qu'il portoit, » 1 crie à haute voix :

(1) *Contremont*, à contre-sens, à l'envers.
(2) La présence de ce turc dans l'armée anglaise est curieuse à noter.

« Fuyez, Françoiz, fuyez, car vous estes mors ». Champagne, qui avait déjà repoussé trois fois l'attaque des ennemis, s'indigne de cette apostrophe insolente, qui jette le désarroi dans les rangs de sa troupe. Il reproche à Cardinet sa trahison. L'autre, sans se déconcerter, répète, avec une nouvelle outrecuidance : « Fuyez, Françoiz, fuyez ». Les gens de Champagne, affolés, se débandent et « la greigneur partie s'en fuy. » Quelques-uns, plus courageux que les autres, font bonne contenance, en dépit des menaces de Cardinet qui redouble ses clameurs. Ils sont tués ou pris, « et tout par le fait de Cardinet, qui de ce fut bien joyeux. »

Champagne, fort irrité contre le traître, dénonça au chancelier et aux officiers du duc d'Anjou (1) la conduite déloyale de ce triste personnage. Cardinet fut arrêté à Angers, par l'ordre du chancelier et de son conseil, tandis que Champagne était occupé à organiser la défense de la frontière de la province, « par commandement d'un de Messieurs de la Cours de ceans pour faire mectre sus gens de commune ». Le chancelier enjoignit aux deux parties de comparaître en personne au château d'Angers et d'exposer l'affaire, sans avoir recours à l'assistance des avocats. Champagne raconta la trahison de Cardinet, qui nia tout effrontément. Une information fut décidée et « trois nobles gens » en furent chargés. L'accusé resta captif. Dix-huit témoins furent entendus et la félonie de Cardinet fut clairement établie par leurs dépositions. Le complice des Anglais fut donc « mis en prison étroite. » Le seigneur de Beauvau (2) et Etienne Fillastre, le juge d'Anjou (3), devaient « congnoistre de la

(1) Louis III, duc d'Anjou, comte du Maine et de Provence (1403-1434). Il avait succédé à Louis II, duc d'Anjou, comte du Maine et de Provence, roi de Naples, mort au château d'Angers le 29 avril 1417.

(2) Pierre de Beauvau, seigneur de la Roche-sur-Yon et de Champigné, epoux de Jeanne de Craon, sénéchal d'Anjou en 1420. Il était fils de Jean de Beauvau et de Madeleine de Tigné.

(3) Il remplit ces fonctions de 1395 à 1427/8. (Beautemps-Beaupré, *les Juges ordinaires d'Anjou et du Maine*, 1371-1508.)

cause ». A la suite du récit que nous avons analysé, on trouve la procédure de l'affaire, dont le jugement est ajourné ; le document porte que « l'appellation est deserte, car a esté relevée contre la Royne de Siclle en partie. » Quoi qu'il en soit, la trahison de Cardinet des Plantes méritait d'être flétrie (1).

(1) En 1435, Cardinet des Plantes et Jeanne, sa femme, achetèrent, par contrat passé devant Gouppil, notaire, de Pierre Auvré, chevalier, seigneur de la Guénaudière, de la Motte de Brûlon, etc., « le lieu terre et seigneurie de Brullon en Saint-Laurent-des-Mortiers, » alors qualifié de de châtellenie. (Mss. 991 de la Bibliothèque d'Angers, *Histoire généalogique de la Maison de Quatrebarbes*. — Voir aussi, dans nos *Recherches épigraphiques*, notre travail sur *l'Enfeu des Gaultier de Brullon*, Laval, imprimerie de Léon Moreau, 1886.)

247